RÉGLEMENT

DE LA R∴ ☐

DES AMIS DE L'ARMORIQUE.

RÉGLEMENT

DE LA R∴ ☐

DES AMIS DE L'ARMORIQUE,

O∴ DE PARIS.

A PARIS,

DE L'IMPRIMERIE DE A. BOBÉE,

RUE DE LA TABLETTERIE, N.º 9.

1824.

RÉGLEMENT

DE LA R∴ ☐

DES AMIS DE L'ARMORIQUE.

CHAPITRE Ier.

De la ☐

ARTICLE PREMIER.

LA Loge des Amis de l'Armorique se compose principalement des F∴ Bretons qui habitent l'O∴ de Paris. Les frères nés hors de la Bretagne ne peuvent y être admis que dans la proportion d'un quart du nombre des F∴ Bretons présents aux travaux.

ART∴ 2.

Dans le cas où l'on proposerait plus de profanes nés hors de cette province, que l'art∴ précédent ne le permet, la voie du sort décidera de la priorité.

CHAPITRE II.

De la Composition de la ☐

ART.·. 3.

La ☐ est régie par des Off.·. qu'elle nom
au scrutin individuel. Les Off.·. sont au no
bre de dix-neuf, savoir : un Vén.·., un E.
Vén.·., deux Surv.·., un Or.·., un Sec.·.,
Or.·. Adj.·., un Sec.·. Adj.·., un Trés.·.,
Hosp.·., un Arch.·. vér.·., un Gard.·. des sc.
trois Exp.·., un M.·. des Cér.·., un M.·. d
Ban.·., un F.·. couv.·., et un député au G.·. O.

ART.·. 4.

Le vénérable est élu aux deux tiers des voix
et les autres Off.·. à la maj.·. absolue.

ART.·. 5.

A défaut de la maj.·. requise, soit pour l
Vén.·. soit pour les Off.·. après deux scrutins
on procédera à un scrutin de balotage entre
les deux F.·. qui auront obtenu le plus de voix.

ART.·. 6.

Dans tous les cas de partage égal des votes,
l'ancienneté maçonnique décidera du choix;
ou si elle est la même, l'âge civil prévaudra.

ART.·. 7.

L'élection des Off.·. se fait dans le mois qui
précède la saint Jean d'hiver, et leur install.·.
a lieu le jour fixé pour la célébration de la
fête ; leurs fonctions durent un an.

ART.·. 8.

A l'exception des trois premières lum.·. qui
doivent être remplacées par ordre hiérarchique,
le remplacement des officiers absens, pour
quelque cause que ce soit, est fait d' près le
mode ci-dessus.

CHAPITRE III.

Du Vén.·. et de l'ex-Vén.·.

ART.·. 9.

Le Vén.·. préside la loge et toutes les Com.m.·.
quand il en fait partie.

ART.·. 10.

Il nomme les comm.·. chargées de prendre
les renseig.·. pour init.·. ou aff.·., il ne nomme
les autres qu'autant que le scrutin de liste n'est
réclamé par personne.

ART∴ 11.

Il peut convoquer extraordinairement la
et le conseil ; il sera toujours tenu de convoqu
le conseil sur la demande de trois F∴

ART∴ 12.

S'il ferme les trav∴ pendant une délibéra
tion , la tenue suivante s'ouvrira en famille pa
cette délibération pendant laquelle le premie
Surveil∴ présidera.

ART∴ 13.

Si le Vén∴ se croit obligé de faire couv∴ l
T∴ à un F∴ de la ▭ , ce frère sera entend
seul avant sa sortie , ou chargera un F∴ de s
défense. Le F∴ or∴ donnera ses conclusion
immédiatement après, et la ▭ votera au scru
tin , sans qu'aucun F∴ puisse prendre la pa-
role.

ART∴ 14.

Si la Loge désapprouve , par son vote , l'or-
dre du Vén∴ , le F∴ sera averti qu'il peut
rentrer dans le temple , et toute discussion ul-
térieure sur cet incident est interdite.

Art.∴ 15.

Il est dépositaire des constit.∴ de la ☐, et n'en est déchargé que par le reçu de son successeur auquel seul il peut les remettre.

Art.∴ 16.

Lorsque le Vén.∴ voudra prendre part à une discussion, il quittera le maillet.

Art.∴ 17.

La principale fonction de l'ex-Vén.∴ est de veiller à l'exécution des statuts.

CHAPITRE IV.

Des Surveillans.

Art.∴ 18.

Les Surv.∴ ont après le Vén.∴ l'autorité maç.∴ sur toute la ☐. Leur devoir est d'y maintenir l'ordre et la régularité.

Art.∴ 19.

Ils annoncent au Vén.∴ ce qui se passe dans l'intérieur du T.∴ et ce qui leur est annoncé de l'extérieur.

ART∴ 20.

Ils ne peuvent être repris que par le Vén∴

CHAPITRE V.

De l'Orateur.

ART∴ 21.

L'C∴ est spécialement chargé de maintenir l'exécution des Régl∴, et de la requérir toutes les fois qu'il s'apercevra qu'on s'en écarte.

ART. 22.

Si la ☐ n'a pas égard à cette réquisition de l'Or∴ il pourra exiger que la pl∴ des trav∴ du jour en fasse mention.

ART∴ 23.

Tout F∴ jugeant la discussion suffisamment éclairée, peut demander la clôture ; la ☐ votera aussitôt par assis et levé, sur cette proposition.

ART∴ 24.

Lorsque la discussion sera fermée, l'Or∴ la résumera et donnera ses conclusions. Le Vén∴ devra les mettre aux voix sur le champ.

Art.˙. 25.

Si l'Or.˙. ne juge pas la discussion assez éclairée, il peut suspendre ses conclusions, mais seulement jusqu'à la tenue suivante.

CHAPITRE VI.

Du Secrétaire.

Art.˙. 26.

Le Secrét.˙. tient le crayon, tant en ▭ qu'en conseil d'administration, et envoie les pl.˙. de convoc.˙. d'après l'ordre qu'il en reçoit de qui de droit.

Art.˙. 27.

Il tiendra toujours au courant le livre d'arch.˙., le contrôle de la ▭, le tableau des F.˙. présens et le registre de présence.

Art.˙. 28.

Le livre d'Arch.˙. contiendra exactement tout ce qui sera fait en ▭, à moins que la loge n'en décide autrement.

ART∴ 29.

Le contrôle contiendra les noms, prénoms, lieux de naissance, âge civil, et date de réception de tous les F∴ présens ou non présens, avec indication de la date et de la nature de leur absence et si elle est illimitée.

ART∴ 30.

Le tableau contiendra les noms, prénoms, lieux de naissance, adresses, âges et qualités civiles et maç∴, et fonctions dans la ☐ de tous les F∴ en faisant actuellement partie. Deux colonnes d'observations contiendront, l'une l'indication des congés accordés, et des mutations qui pourront survenir, l'autre l'inscription des mesures graves de sévérité ordonnées par la loge; ce tableau annuel sera apporté en ☐ à chaque tenue.

ART. 31.

Le registre de présence sera signé, à chaque tenue, par tous les F∴ de l'attelier au recto, et par tous les visiteurs au verso; le Secr∴ fera mention aussi au recto, des F∴, absens valablement excusés. Ce registre sera déposé sur la plate-forme du deuxième surveillant pour être signé par chaque F.˙. à son entrée en ▭.

Art.˙. 32.

Le Secrétaire ne délivrera au nom de la ▭, les congés qu'elle a accordés, et les diplômes que réclament les F.˙. que sur le vû des quittances du Trésor.˙. ; en cas de contravention il sera responsable de ce que le F.˙. pourrait devoir.

CHAPITRE VII.

Du Trésorier.

Art. 33.

Le Trés.˙. percevra le prix des init.˙., aff.˙., augm.˙. de sal.˙., cotisation et diplômes, et en donnera quittance.

Art.˙. 34.

Il paiera sur simple reçu des parties prenantes, les dépenses ordinaires de la ▭ ; celles extraordinaires décidées en ▭, sur un extrait

de la pl∴ des trav∴ du jour, délivré par le
Secr∴ et celles ordonnées en conseil, sur un
extrait semblable du registre du conseil.

Art∴ 35.

Le prix des in∴ aff∴ et augm∴ de sal∴
est exigible le jour qu'elles sont données. Le
Trésorier préviendra la ⌷ à la tenue suivante
s'il ne l'avait pas reçu.

Art∴ 36.

Les cotisations seront payées dans le premier mois de chaque trimestre ; le Trés∴ préviendra la ⌷ dans le dernier mois, si des F∴
étaient en retard ; en cas de contravention, il
sera responsable de la dette du F∴

Art∴ 37.

Le Trés∴ rend ses comptes tous les six mois
dans le mois qui précède les fêtes de l'ordre. Il
provoque à cet effet, de concert avec l'Hosp∴,
une tenue du conseil d'adm∴ qui seul apure
leurs comptes ; dans la tenue suivante un rapport sommaire est fait à la ⌷, sur l'état de ses
finances et de sa comptabilité, et le résult t en
est soumis à sa sanction.

Art.'. 38.

Dans le même temps, le conseil proposera à la ⬜, la somme que l'état des finances permet de distraire de la caisse du Tr.'. pour la verser dans celle de l'Hosp.'..

Art.'. 39.

Nulle autre distraction pour acte de bienfaisance ne pourra être faite de la caisse du Tr.'., si ce n'est pour secours à accorder à un F.'. de la ⬜, et dans ce cas elle devra être votée au deux tiers des voix.

CHAPITRE VIII.

De l'Hospitalier.

Art.'. 40.

La caisse de l'Hosp.'. sera alimentée, 1° par le produit du tronc de bienfaisance qu'il sera chargé de faire circuler à chaque tenue, et de présenter à chaque frère avant la sortie du temple; 2° par les dons des FF.'. à leurs init.'. et augm.'. de sal.'.; 3° enfin par les versemens de la caisse du Trés∴ en conformité de l'article 38.

ART∴ 41.

L'Hosp∴ est l'organe de la ☐, pour tout ce qui concerne les secours et les consolations qu'elle est dans le cas de donner.

ART∴ 42.

Il tient un registre des secours votés par la ☐, avec la date des tenues, où ils ont été accordés ; mais il n'en retire point de reçu : sa comptabilité se contrôle par le livre d'arch∴

ART∴ 43.

Il rend ses comptes, en même temps et de la même manière que le Trésorier.

***

CHAPITRE IX.

De l'Arch∴ Vér∴

ART∴ 44.

L'Arch∴ vér∴ est chargé de faire exécuter les plans arrêtés par la ☐, pour la décoration,

l'entretien et l'illumination du temple et de
veiller à la conservation des ornem.·. de l'att.·.

Art.·. 45.

L'Arch.·. vér.·. contrôle les registres des
Secrét.·., Trésor.·., Hosp.·., Garde des sc.·.
Il défère au Conseil d'administration les irrégu-
larités qu'il y aurait remarquées.

Art.·. 46.

Il doit exiger une fois par mois la commu-
nication de ces registres, et rendre compte de
leur état à la ☐ tous les trois mois.

CHAPITRE X.

Du Garde des sce.·., timbres et archives.

Art.·. 47.

Le Garde des sc.·. ne peut sous aucun pré-
texte sceller, timbrer et signer, que les actes re-
vêtus de la signature du Vén.·. et contre-signés
par le Secr.·.

Art.·. 48.

Il tient registre des pièces qu'il a scellées

ainsi que de celles qui lui sont déposées, en
énonçant leur date et leur nature.

Art∴ 49.

Il ne communique les pièces et registres
qu'aux membres de la ▭, et sans déplacement,
il n'en délivre des copies ou extraits qu'en
vertu d'une délibération de la loge.

CHAPITRE XI.

Du M∴ des Cérémonies.

Art∴ 50.

Le M∴ D∴ C∴ veille à ce que les FF∴ se
placent pendant les trav∴ conformément au
réglement.

Art∴ 51.

Il introduit, avec les formes maç∴, les FF∴
visiteurs reconnus par les experts.

Art∴ 52.

Il assiste les initiés et les affiliés à tous les g∴
depuis l'instant où il les reçoit des mains des
experts, jusqu'à ce que la réception soit ter-
minée.

ART∴ 53.

Il est aussi chargé d'indiquer au récipien-
daire les figures du tableau de chaque g∴ pendant l'explication du tableau.

CHAPITRE XII.

Du M∴ des B∴

ART∴ 54.

Le M∴ des B∴ est chargé de tout ce qui
concerne les trav∴ de table, de la décoration,
du chauffage, de l'illumination de la salle du
Banq∴ en se conformant à ce qui est arrêté
par la ▭.

ART∴ 55.

Il doit choisir autant que possible parmi des
maçons les ouvriers et les fournisseurs qu'il
emploie.

ART∴ 56.

Il arrête les mémoires des ouvriers et fournisseurs pour sa partie; il les paye et doit jus-

tifier des quittances, quelle que soit l'origine des fonds mis à la disposition du M∴ des B∴, l'excédent s'il y en a, doit être versé dans la caisse de l'Hosp∴.

ART∴ 57.

Il rendra ses comptes au Conseil d'administration qui suivra le banquet.

CHAPITRE XIII.

Du F∴ couvreur.

ART∴ 58.

Le F∴ couv∴ veille à ce que le temple soit exactement couvert au-dedans et au-dehors.

ART∴ 59.

Si quelqu'un demande l'entrée ou la sortie du T∴, le F∴ couv∴ en prévient le premier Surv∴; et il ne peut l'accorder qu'avec la permission du Vén∴.

CHAPITRE XIV.

Du Député.

Art.·. 60.

Le Député est chargé auprès du G.·. O.·. de représenter la ☐ , et d'y faire toutes les demandes qui peuvent être utiles à l'at.·.

Art.·. 61.

Il doit veiller auprès du G.·. O.·. aux intérêts et à l'honneur de la ☐ en général, et de chaque F.·. en particulier.

CHAPITRE XV.

Des FF.·. servans.

Art.·. 62.

Les FF.·. servans sont chargés de tout le travail manuel pour la propreté ou la décoration du T.·. et de ses dépendances; ils portent au-dehors les ordres de la ☐ .

Art∴ 63.

Ils sont tenus d'exécuter tout ce qui leur est prescrit par le V∴ et les Off∴ chargés des détails.

Art∴ 64.

Ils sont tenus de se trouver à toutes les assemblées une heure au moins avant l'ouverture de la séance, de disposer tout dans l'ordre convenable et suivant la nature des trav∴.

Art∴ 65.

Tout F∴ servant doit être initié au moins au premier gr∴, le nom de ceux attachés à l'att∴ doit être inscrit sur le tableau. Un F∴ servant amené par un membre de la ☐ ou un visiteur pour aider aux travaux, doit être tuilé par un expert avant d'être admis.

Art∴ 66.

Les articles contenus au présent ch∴ seront mis à la connaissance des FF∴ servans.

CHAPITRE XVI.

Des places en ▭.

Art∴ 67.

Le Vén∴ prend place à l'O∴, derrière l'autel.

L'ex-Vén∴ à la droite du Vén∴

Le premier Surv∴ devant la colonne du midi à l'occ∴

Le deuxième Surv∴ devant la colonne du nord à l'occ∴

L'Or∴ à l'O∴ à la gauche de l'autel.

Le Sec∴ à l'O∴ à la droite de l'autel.

Le premier Exp∴ au bas de la colonne du midi près le premier Surv∴

Les deux autres Exp∴ au bas de la colonne du nord près le second surveillant.

Le Trés∴ sur la colonne du midi à la gauche de l'Or∴

L'Hosp∴ sur la colonne du nord à la droite du Secrét∴

L'Adj∴ à l'Or∴ à la gauche du Trés∴

L'Adj∴ au Secrét∴ à la droite de l'Hosp∴

Le garde des Sc∴ sur la seconde banquette à la colonne du nord devant l'Hosp∴

L'Arch∴ ver∴ sur la seconde banquette devant le Trés∴

Le M∴ de banq∴ à la droite du premier expert sur la colonne du midi.

Le M∴ des Cér∴ près la porte d'occ∴ à côté du premier Surv∴

Le F∴ couv∴ près la porte d'occ∴, à côté du deuxième Surv∴

Le Député au G∴ O∴ à la gauche du Vén∴

Tous les autres membres de la ▭ ayant le troisième gr∴, se placent à leur choix sur l'une ou l'autre colonne, mais les compagnons et apprentis se placent les premiers à la colonne B, et les seconds à la colonne J.

CHAPITRE XVII.

Des Tenues.

Art∴ 68.

Les époques des tenues d'obligation sont fixées d'avance par la ▭, et ne pourront être changées que par elle sur une prop∴ faite dans les formes prescrites par le Régl∴

ART∴ 69.

Toutes les assemblées se convoquent par une planche que le Secr∴ fait tenir au domicile de chaque membre par les FF∴ servans au moins trois jours à l'avance.

CHAPITRE XVIII.

De l'assiduité aux trav∴ et des congés.

ART∴ 70.

Les tenues ordin∴ sont d'obligation pour tous les membres de la ⊐.

ART∴ 71.

Un frère doit toujours prévenir la loge de son absence par une planche, il est alors seulement comptable de 50 c∴ au tronc de bienfaisance.

ART∴ 72.

Toute absence, sans avis, sera punie, la première fois, d'une amende d'un franc; si l'absence, sans avis se prolonge, elle sera de deux francs pour la seconde tenue, trois francs pour la troisième, et à la quatrième le F∴ sera rayé du tableau. Ces amendes résulteront du seul fait de non signature sur le registre de présence.

Art∴ 73.

La pla∴ de convocation qui sera adressée au F∴ pour la quatrième tenue, contiendra un extrait du précédent article.

Art∴ 74.

Les dispositions portées aux articles précédens ne seront point applicables aux FF∴ en congé.

Art∴ 75.

Tout congé sera demandé par la voix du sac des propositions.

Art∴ 76.

Le congé ne dispense le F∴ qui l'a obtenu de la cotisation du trimestre courant lors de son départ, ni de celle du trimestre courant lors de son retour.

CHAPITRE XIX.

Des initiations, affil∴ et augm∴ de sal∴

Art∴ 77.

Toute proposition d'initiation, d'aff∴ ou augm∴ de sal∴ sera déposée dans le sac des propositions et signée.

Art∴ 78.

Elle contiendra les noms, prénoms, âge, domicile, lieu de naissance, qualités civiles et maçonniques du proposé quand il s'agira d'init∴ ou d'aff∴.

Art∴ 79.

Dans ces deux derniers cas, le Vén∴ à la lecture de la proposition, nommera une commission de trois membres chargée de faire son rapport à la tenue suiv∴; le proposant ne peut en faire partie.

Art∴ 80.

Le rapport fait, le Vén∴ réclame les avis des FF∴ et fait circuler le scrutin après avoir entendu l'Orat∴.

Art∴ 81.

Si le scrutin présente une ou plusieurs boules noires il est recommencé.

Art∴ 82.

Si le second scrutin produit trois boules noires la proposition est rejetée ; s'il n'en produit qu'une ou deux, le scrutin est renvoyé à la tenue suivante, et le Vén∴ invite les FF∴ opposans à lui faire connaître en particulier les motifs de leur opposition. A la tenue suivante le Vén∴ rend compte à la ☐ de ces motifs ou du silence qui aurait été gardé, le tout sans nommer les FF∴ opposans : une nouvelle discussion est ouverte ; la ☐ procède ensuite à un nouveau scrutin, et s'il ne contient pas trois boules noires, le présenté est admis et la réception peut être faite à la tenue suivante. Le scrutin circule de nouveau après les épreuves ; trois boules noires décident de même le rejet, l'admission sera nulle si la réception n'est pas faite dans les trois mois.

Art∴ 83.

Aucune augmentation de salaire ne sera accordée à un F∴ en retard de remplir ses obligations, trois boules noires feront refuser l'augmentation de salaire.

CHAPITRE XX.

Du Conseil d'administration.

Art.·. 84.

Le Conseil d'adm.·. est composé du Vén.·.,
des deux Surv.·. de l'O.·., du Sec.·., du Tr.·.,
de l'Hosp.·. et de l'Arch.·. ver.·.

Art.·. 85.

Il y aura au moins, une séance du conseil
entre chaque tenue de la ☐; le conseil ne
pourra délibérer s'il n'y a cinq membres présens.

Art. 86.

Il sera tenu registre de ses délibérations. Il
sera signé par tous les membres présens.

Art.·. 87.

La compétence du conseil est purement ad-
ministrative, sauf ce qui sera dit au Chap.·.
des peines. Il peut convoquer la ☐ extraordinairement.

Art.·. 88.

Il ne peut ordonner de dépense extraordi-
naire au-delà de la somme de vingt-cinq francs.

2*

CHAPITRE XXI.

Des radiations et de l'exclusion.

ART∴ 89.

Toute accusation sera remise au Vén∴ qui la communiquera au Conseil d'administration suivant, sans dire le nom du signataire s'il désire être inconnu.

ART∴ 90.

i l'accusation est contre un membre du conseil, le Vén∴ convoquera extraordinairement les autres membres sans que le membre inculpé en ait connaissance.

ART∴ 91.

Si elle est contre le Vén∴, elle sera remise à l'un des surveillans qui agira comme dans l'Art∴ précédent.

ART∴ 92.

Si le conseil le juge utile, il pourra indiquer une autre séance, avant de décider s'il prend la chose en considération, et y appeler le F∴ inculpé. Mais après avoir donné ses explications, ce frère devra se retirer pour laisser délibérer le conseil. Cette seconde séance du conseil sera toujours nécessaire quand il s'agira d'un membre du conseil ou du député.

Art.·. 93.

Si le conseil ne prend pas en considération, le tout demeurera entre les FF.·. qui en auront eu connaissance sous le sceau du Secr.·. maç.·.

Art.·. 94.

Si l'accusation est rejetée par le conseil, le F.·. accusateur pourra provoquer une seconde délibération du conseil à laquelle seront appelés, dans l'ordre hiérarchique, trois nouveaux FF.·. avec voix délibérative.

Art.·. 95.

Dans le cas de prise en considération, la ☐ en sera saisie à la tenue suivante, par la lecture qui lui sera donnée de la délibération du conseil. La planche de convocation l'indiquera.

Art.·. 96.

La délibération du conseil pourra décider que le F.·. inculpé ne sera pas présent ; mais dans ce cas, la ☐ devra tenir une seconde

(32)

séance à laquelle il assistera ; cette seconde séance ne pourra être refusée si le F∴ inculpé la demande, même quand il eût assisté à la première.

ART∴ 97.

S'il s'agit d'un membre du conseil, il ne sera jamais présent à la première séance.

ART∴ 98.

La ☐ peut prononcer la radiation d'un F∴, la destitution s'il est of∴ ou l'exclusion. Ces peines sont portées au tableau. Il est fait mention de la cause des radiations pour absence seulement.

ART∴ 99.

La radiation et la destitution seront prononcées à la majorité simple. Sauf la destitution du Vén∴ qui exigera les deux tiers des voix. Trois boules blanches empêchent l'exclusion.

ART∴ 100.

Un F∴ exclu ne peut jamais reparaître dans la ☐, même comme visiteur. Un F∴ rayé peut y être réadmis ; mais après les mêmes scrutins

qu'un profane. Un F⸫ rayé pour simple absence peut y rentrer, après un scrutin à la majorité simple.

CHAPITRE XXII.

Des Propositions.

Art⸫ 101.

Les propositions déposées dans le sac seront
lues de suite, mais ne seront discutées que dans
la séance suivante.

Art⸫ 102.

Cependant, si cinq FF⸫ demandent qu'une
proposition soit discutée de suite, la ▭ pourra
en délibérer après avoir décidé qu'elle est ur-
gente.

Art⸫ 103.

Toute proposition réglementaire ne pourra
être délibérée que dans la séance qui suivra celle
où elle sera présentée, et décidée que dans celle
d'après.

Art⸫ 104.

Elle demandera la majorité absolue des
membres portés au tableau.

ART∴ 105.

Le présent Réglement sera imprimé, pour être distribué à tous les Membres de la Loge des *Amis de l'Armorique*, moyennant un franc de rétribution.

Fait et publié le vingt-quatrième jour du premier mois de la V∴ L∴ 3824 (ère vulgaire, 24 avril 1824.)

Signé LEGAL,
Vén∴ Tit∴

Signé AUBINAIS,
Prem∴ Surv∴

Signé HELLO,
Deuxième Surv∴

Vu par le F∴ Or∴
Signé LUCAS,
Or∴

Par mandement de la V∴ L∴,
MOREAU;
Sec∴

Scéllé et timbré par nous Garde-des-sceaux et timbres de la Loge.
ALLARD.